내가 죽으면 누가 울어줄까

-박찬위 지음-

Philomantic

작가의 말

내가 죽으면 누가 울어줄까.

난 내 죽음이 슬펐으면 좋겠어.

날 위해 누군가는 울어줬으면 좋겠어.

많은 사람들이 나를 기억해 주고,

추억해 줬으면 좋겠어.

내가 죽어도 나를 잊지 말아 줬으면 좋겠어.

아무리 오랜 시간이 지나도

가끔은 추억해 줬으면 좋겠어:

근데 또 한 편으로는

내가 사랑하는 사람들이

나의 죽음에 너무 슬퍼하지 않았으면 좋겠어.

나와 함께 쌓은 좋은 추억들로

나보다 더 오래 행복하게 살다 왔으면 좋겠어.

나도 알아, 모순인 거.

근데 그냥 그랬으면 좋겠어.

누가 울어주려나,

울어줬으면 좋겠는데

너무 많이 울지는 않았으면 좋겠어.

목차

작가의 말

1장 약해지는 순간

난 아직 어른 하기 싫은데 _ 14

의심 _ 17

푹신하겠지 _ 18

내가 언제든지 초라해질 수 있도록 _ 19

내가 죽으면 누가 울어줄까 _ 21

구석 _ 23

미지근한 감정 _ 25

푸념 _ 28

내가 초라해지는 순간 _ 31

갈수록 겁이 많아진다 _ 32

엘리베이터 _ 33

불면 _ 34

정이 고픈 밤 _ 35

인생 별거 있나 _ 38

애정결핍 _ 39

어쩌면 오늘 _ 41

약 _ 42

나도 나를 모르겠다 _ 45

웃음이 많은 사람 _ 47

거짓말 _ 48

행복하고 싶어 _ 49

겨울 _ 51

인연 _ 52

아픈 건 잘 나아야 하는 건데 _ 53

어린 날의 나에게 미안해 _ 56

2장 사랑, 그리고 사랑 이별, 그리고 이별

철없는 사랑 _ 62

사랑의 조건 _ 66

오래도록 변하지 말고 사랑하자 _ 69

착각 _ 72

주는 사랑의 기쁨 _ 73

이유 없음 _ 74

네 곁에서 시들고 싶다 _ 76

내 꿈은 _ 78

네 손이면 됐다 _ 79

장점 _ 80

밤에 이불을 덮어주는 사랑이란 _ 81

조화 _ 84

사랑의 신호 _ 85

야한 밤 _ 88

향 _ 90

사탕을 뺏긴 아이 _ 91

숙명 _ 92

음식은 싱겁게 사랑은 진하게 _ 93

욕심 _ 94

너 없이 너와 함께 산다 _ 95

민낯 _ 97

사랑이 구질구질한 이유 _ 101

무채색 _ 102

고마웠다 사랑했다 행복했다 _ 103

첫사랑 _ 105

3장 이따금 낭만과 희망을 믿고

살아가는 이유 _ 110

장미 _ 113

소망 _ 114

비 _ 115

술에게 배운다 _ 116

내일 죽는다면 _ 119

낭만 있게 살란다 _ 122

보내주는 법 _ 125

행복 _ 127

나에게 쓰는 편지 _ 128

말조심 _ 131

사계절 _ 132

보석 _ 133

가치 _ 134

쓰레기 _ 135

외로움 _ 136

고생했다 나 자신 _ 139

내 편 _ 142

추억 _ 144

청춘 _ 145

이런 날 저런 날 _ 148

감사할 줄 모른다면 _ 149

소풍 _ 152

시간의 깊은 뜻 _ 155

완벽하지 않기에 아름다운 인생 _ 158

Epilogue : 유서 _ 164

1장

약해지는 순간

난 아직 어른 하기 싫은데

있잖아 엄마,

나 정말 열심히 살았거든.

과거로 돌아가서 다시 살라고 하면

지금까지 살아왔던 것처럼

똑같이 살아갈 자신이 없어.

근데 이 정도 했으면

이젠 좀 좋아질 때도 되지 않나 싶은데,

이젠 좀 행복해도 되지 않나 싶은데

자꾸 또 다른 불행이 방해를 해.

나도 쉴 시간이 필요하고

다시 마음을 다잡을 시간이 필요한데

서툰 나에게 세상은 계속 문제를 줘.

엄마, 어른은 원래 이렇게 힘든 거야?

힘들어야 어른이라면

난 아직 어른 하기 싫은데.

어른이 되고 싶어서 된 게 아닌데

아직 나한텐 조금 벅차네.

어른이니까 씩씩하게 이겨내고 싶은데

이젠 좀 지친다 나도.

의심

언제부터였더라.

아주 작은 행복이라도 내게 와줬을 때

그 행복에 숨통이 트이는 게 아니라

오히려 불안해지기 시작했던 게.

또 나한테 어떤 시련과 아픔을 주려고

잠깐 사탕 하나 물려주는가

겨우 내게 온 행복을 의심하게 된 게.

푹신하겠지

가끔 그럴 때가 있다.

사람도 만나고 싶지 않고

내일이 기대되지도 않고

늘어만 가는 근심 걱정에

하늘이나 올려다보며

애꿎은 담배나 물고 뻑뻑 피워대다

저 구름 속에 잠깐만 좀 숨어서 쉬고 싶다

하는 생각이 들 때가.

내가 언제든지 초라해질 수 있도록

날 잃는 걸 아쉬워하는 사람이 좋아.

쓸모를 다 했을 때

쓰레기 버리듯 버리는 사람 말고

애장품처럼 다 낡고 해져도

도저히 나를 버리지 못하는

그런 미련한 사람이 좋아.

그런 사람 곁이라면

내가 얼마든지 볼품 없어질 수 있잖아.

내가 화려하고 근사하지 않아도

떠나지 않을 거잖아.

내 존재 자체로 사랑받을 수 있는 거잖아.

난 그런 사람을 원해.

내가 초라해져도 곁을 떠나지 않는 사람.

그저 나라는 사람이 필요한 사람.

내가 죽으면 누가 울어줄까

나도 누군가에게

좋은 사람으로 기억되고 싶어.

나도 누군가의

좋은 추억 속에 남아있고 싶어.

누군가 나를 떠올릴 때

함께 하면 즐거운 사람으로

생각해 줬으면 좋겠어.

자주 보고 싶고

편하고 좋은 사람으로

생각해 줬으면 좋겠어.

아무도 찾아주지 않는 삶은

너무 외로워.

과연 내 주변 사람들에게

나는 어떤 사람일까.

내가 죽으면 누가 울어줄까.

구석

나도 마음을 눕힐 구석이 필요해요.

속마음도 털어놓고

하소연도 하고

어리광도 부릴 수 있는

내가 이렇게 약한 모습 보여도

약점이 되지 않고

따뜻하게 안아줄 수 있는

그냥 나도 가끔은

그런 구석이 필요해요.

매일 애써 마음을 묶어두지만

매일 다시 헐거워져요.

자주 웃고 있지만

자주 비틀거리고요.

갈수록 어깨는 무거워져가는데

다리는 점점 얇아지네요.

어디 잠시 숨을 구석 없을까요.

미지근한 감정

시간이 흐르며 어느샌가

감정에 무뎌진 나를 발견했을 때

문득 우울해진다.

분명 우리도 작은 것들에

설레고 행복해했던 시절이 있었는데.

어릴 땐 세상에 동화처럼 보이고

행복하면 행복한 대로,

슬프면 슬픈 대로

감정에 충실하며 살았었는데

이제는 정말 큰일이 아니라면

행복한 순간에도 피식 한 번 웃고 말고

힘든 순간에도 한숨 한 번 쉬고 말고

모든 것들에 반응이 뜨뜻미지근해질 때

처음에는 내가 이렇게 되어버린 게

좋은 건지 나쁜 건지 헷갈려 하다가

이토록 감정에 무뎌졌다는 게

왠지 그만큼 내가 지쳤기 때문인 것 같아서,

감정에 충실할수록 힘들다는 것이

무의식중에 심어졌기 때문에

나를 지키기 위한 방어기제로

이렇게 변해버린 것 같아서

문득 슬퍼질 때가 있다.

사소한 것에도 행복할 줄 알았던

그때가 그리워서 먹먹해진다.

푸념

나도 처음 살아보는 거잖아.

나도 인생이 처음이야.

그래서 잘 살아보고 싶은데

내 마음대로 되지 않을 때가 많아.

행복도, 불행도

항상 예상치 못한 순간에 찾아와

놀랄 때가 많아.

어지럽고 정신없지만

그래도 아등바등 살고 있는데

쉬운 거 하나가 없네.

사니까 살아지긴 해도

어찌 하나하나 이리도 고달픈지.

1년 후면 조금 나으려나

10년 후면 조금 나으려나

참, 하루도 마음 편할 날이 없다.

마음 놓고 잘 수 있는 날 하나가 없어.

내가 초라해지는 순간

문득 허무해질 때가 있다.

한때는 느리게 가는 시간이 얄밉기만 했는데
어느덧 세월이 이만치 흘렀을 때.

살면서 그렇게 많은 사람들을 만났는데
정작 진짜 내 사람은 없는 것 같다고 느낄 때.

보고 싶어도 볼 수 없는 사람들이 늘어갈 때.

갈수록 겁이 많아진다

시간이 흐를수록

나이만 많아지는 게 아니라

겁도 많아진다.

오랫동안 보지 못했던

그리운 인연들에게 잘 지냈냐며

연락을 보낼 용기도,

전처럼 뜨거운 사랑을 시작할 용기도

점점 사그라져간다.

엘리베이터

사람은 엘리베이터와 같다.

기분에 따라 수도 없이

태도가 오르락내리락 하며

함부로 기대다가는 떨어지고 만다.

불면

늦은 새벽까지 잠들지 못하는 이유는

아마 너무 외롭기 때문이겠지.

지나온 과거에 대한 후회, 미련, 그리움

모든 것들이 복잡하게 얽혀서

날 괴롭히기에.

정이 고픈 밤

일어났더니 걱정 없이 놀기 바빴던

어린 시절 여름 방학의 오전이면

얼마나 좋을까.

지금보다 젊었던 엄마가

숙제는 언제 할 거냐며

꾸중해 주면 얼마나 좋을까.

일어났더니 꽃잎이 그려져있는

어릴 적 할머니 집

이불 속이면 얼마나 좋을까.

지금보다 젊었던 할머니가

맛있는 냄새와 함께

밥 먹으라고 해주면 얼마나 좋을까.

일어났더니 체육수업을 앞둔

점심시간의 학교 책상이면

얼마나 좋을까.

지금보다 작았던 친구들이

빨리 나오라고 재촉해 주면 얼마나 좋을까.

배는 고프지 않아도

어린 날의 정이 고픈 밤이다.

인생 별거 있나

"인생 뭐 별거 있나"

네, 정말 별게 많더라고요.

별게 다 어렵고요

별게 다 아프고요

별게 다 고달프더라고요.

애정결핍

나는 외로움이 많아요.

혼자라는 생각이 들 때가

가장 괴로워요.

고독이 제일 견디기 힘들어요.

그래서 정이 많나 봐요.

혼자가 될 때면

시들시들 죽어가고

사랑이 결핍될 때면

끝없이 우울해져요.

나도 사랑받고 싶어요.

파고들 품이 필요해요.

괜찮다, 괜찮다

말해줄 수 있는 사람이 필요해요.

내가 곁에 있으니

걱정 말라며 안아줄 사람이 필요해요.

어쩌면 오늘

왜, 그런 날 있잖아.

매일 똑같은 일상에 지칠 대로 지치고

내일이 기대되지도 않고 답답한 날.

남들은 다 행복하게

잘 살고 있는 것 같은데

나만 불행한 것 같은 날.

참고 참다 결국 서러움이 터져버린 날.

약

점점 약을 먹는 일이 잦아진다.

몸이 아파서,

마음이 아파서 약을 먹는다.

분명 몸과 마음이 고장 나서

약을 먹는 것인데

어느샌가 그 본질을 잊고

습관처럼 약을 먹는다.

마치 끼니 때우듯

당연하다는 듯이.

그러다 문득 서글퍼진다.

언제부터 나는 약에 기대어

살아가게 되었을까.

왜 몸과 마음이 아파도

덤덤해질 지경까지 온 걸까.

오늘도 당연하게 약을 먹는다.

곧 있으면 나아지겠지.

언젠가 약 없이도 살아지겠지.

희망을 품어본다.

나도 나를 모르겠다

때로는 아무도 모르게

사라져버리고 싶다가도

또 어느 날은

사람들 틈 사이에 껴있고 싶고

어떤 날에는

다 포기 하고 싶다가도

또 다른 날에는

그래도 한 번 살아보고 싶고

사랑받고 싶지만

사랑받을 자격이 없는 것 같고

행복해지고 싶지만

우울한 생각만 하고

나도 나를 모르겠다.

웃음이 많은 사람

웃음이 많은 사람은 사실

상처가 많은 사람일지 모른다.

밝은 척, 괜찮은 척, 안 아픈 척하며

남들 앞에서 웃을 수 있기까지

얼마나 울었을지는 아무도 모른다.

울지 않는다고 슬프지 않은 것도,

웃고 있다고 행복한 것만도 아닌듯하다.

거짓말

가장 안 괜찮을 때 쓰는 말,

"괜찮아"

행복하고 싶어

나는 내가 잘 지냈으면 좋겠어.

늘 거짓된 미소만 지어내던 내가

다시 진짜 웃음을 찾았으면 좋겠어.

좋은 사람들 곁에서

즐거운 경험만 하며

기쁘게 살았으면 좋겠어.

틈이 보이면 찌르려고 하고

필요할 때만 찾는 그런 사람들 말고

진심으로 나를

아껴주는 사람이 있었으면 좋겠어.

꽃밭에 가고 싶어.

나도 생기있게 피어나고 싶어.

잘 웃고, 잘 먹고, 잘 자며

행복해졌으면 좋겠어.

제발 그랬으면 좋겠어.

겨울

겨울철 눈이 뭐라고 흰색으로 뒤덮인

세상을 보고 잔뜩 설레서는 뛰쳐나가

눈밭에서 푹신하다며 뒹굴고

아무 고민도, 걱정도 없이

눈싸움이나 하기 바빴던

그 어리고 순수했던 그때가 너무 그립다.

인연

마음을 다한 사람은 알고 있다.

인연이란 것이 솜처럼 가볍다는 걸.

하지만 솜처럼 따스하기도 하여서

늘 내게 붙어있어주길 바라지만

곁을 떠나버리면

나는 그 따듯함을 그리워하며

추위에 마음이 시려울 수밖에 없다.

아픈 건 잘 나아야 하는 건데

누군가 그랬다.

원래 인생은 힘든 거니

그냥 견디면서 살라고.

모두가 다 그렇게 산다고.

세상에 안 힘든 사람 없다고.

그러니까 참고 살라고.

아프니까 청춘이고

너보다 더한 사람 많다고.

언제부터였을까.

이런 말들이 당연하다는 듯

들리기 시작한 게.

상처는 겉으로뿐만 아니라

내 안에서도 생길 수 있는 건데.

아픈 건 참아야 하는 게 아니라

잘 나아야 하는 건데.

언제부터 무릎이 깨지고

발목이 돌아가도

그냥 뛰라고 하는 사람들이 많아진 건지.

안 뛰겠다는 것도 아닌데,

그저 잠시 상처가 회복될

시간이 필요했을 뿐인데.

어린 날의 나에게 미안해

나 있잖아.

지금 나이의 내 모습이 이럴 줄 몰랐거든.

뭔가 되게 근사할 줄 알았어.

내가 세상의 주인공인 줄 알았어.

되게 멋있는 청춘일 줄 알았어.

근데 정작 지금의 나는

나이 든 내 모습을 기대했던

옛날의 나에서 나이만 바뀐 것 같네.

어릴 적 상상한 나의 지금은

이렇게 초라하지 않았는데

어디서부터 잘못된 걸까.

나름 잘 살아보겠다고

아등바등 열심히 해왔는데

정작 지금 내 모습은

십수 년 전 소년의 기대와는 너무 다르네.

차가운 비에 젖고

거센 바람에 흔들리고

뜨거운 햇빛을 견뎌야

비로소 꽃이 된다는데

난 꽃이 되고 있는 걸까.

아님 결국 견디지 못하고

싹이 죽어버린 걸까.

2장

사랑, 그리고 사랑

이별, 그리고 이별

철없는 사랑

철없는 사랑이 좋다.

둘이 있을 때는

한없이 철딱서니 없어지는 그런 사랑.

어른스러운 척, 성숙한 척은

밖에서 만으로 충분하잖아.

틈만 나면 서로 골려먹기 바쁘고

투닥투닥 우당탕탕 하는 일상.

마음에도 없는 못났다는 말과

시도 때도 없는 장난들.

가식도 없이 얼굴이 구겨지게 웃고

웃는 얼굴이 너무 웃기다며 또 터지는.

사람들은 모르겠지.

우리에게 이런 이면이 있을 줄은.

사랑에 어른스러운 게 어디 있어.

나이가 들어도 사랑 앞에

유치해지는 게 사람이잖아.

조금 유치하면 어떤가 우리가 행복한걸.

시간이 흐르고 강산이 변하고 세상이 변해도

유치한 사랑은 변하지 않겠지.

흰머리가 나기 시작한다면

그보다 더 좋은 놀림거리가 어디 있나.

주름이 늘어간다면

그보다 더 좋은 놀림거리가 어디 있나.

아, 역시 철없는 사랑이 좋다.

사랑의 조건

왜 사랑에 조건이 붙을까

언제부터 사랑의 조건이

재력과 능력과 외모가 된 건지.

내가 비싼 시계과 비싼 차와

사회적으로 이만큼 가치가 있으니

네 사랑을 달라고 구애하는 꼴이

되어버렸는지.

사랑은 시계과 의복과 향수를 벗어내고

알몸으로 체온을 나누며 스며드는 것인데.

아무것도 가진 게 없더라도

너 하나 내가 가졌다면

그런 너를 보며 살아가는 건데.

왜 요즘은 사랑이 조건 지어지고

합격 불합격이 매겨지는지.

사랑을 먼저 하고

그걸 지키기 위해

능력을 키우는 것이라던 할아버지의 말씀이

하나도 틀린 게 없다.

조건적인 사랑은 사랑이 아니다.

무조건적인 사랑만이 사랑이다.

오래도록 변하지 말고 사랑하자

나는 여전히

"오래도록 변하지 말고 사랑하자"라는

말을 믿고 싶다.

아무리 요즘 시대의 사랑은

금세 둘 중 한 명의 마음이 식고

관계는 쉽게 끝나버리고 마는

지조의 낭만이 없어졌다고 해도

나는 분명 어딘가에는

시간과 세월에 상관없이

변치 않는 사랑이 있을 것이라 믿는다.

푸른 청춘에 이어져

세월이 흐르고 흐르다

머리에 백송이가 피어나도

서로를 아껴주는 마음은 그대로인,

설렘과 두근거림은 옅어졌다고 해도

대신 편안함과 자연스러움의 사랑으로

따듯하게 이어지는 사랑이 있을 것이라고.

나는 분명 여전히

그런 사랑이 존재하고 있다고 믿는다.

그렇기에 나는

"오래도록 변하지 말고 사랑하자"라는

말을 오늘도 믿어본다.

그 낭만적인 약속이 진짜이길 바라며.

착각

사랑은 무조건 맞춰야 하는 것이라 믿었다.

착각이었다.

사랑은 이미 완성 되어있는 그림에

맞는 퍼즐 조각을 끼워 맞추는 게 아니라

애초에 빈 백지부터 함께

그림을 그려나가는 것이었다.

주는 사랑의 기쁨

내가 널 사랑할 수 있음에 감사한다.

사랑할 수 있는 시간을 허비하지 않는다.

한 줌 한 줌 정성껏 너에게 전한다.

내가 주는 사랑을 충분히 음미한다.

주는 사랑의 기쁨을 충분히 누린다.

사랑할 수 있을 때 내 모든 애정을 담아

네 손에 꼭 쥐여준다.

나는 너무 행복하다.

이유 없음

내가 왜 좋냐는 너의 물음에

나는 대답할 수 없었다.

아름다운 미소와 몸매,

도도하고 고고함 뒤에 숨겨져있는

나만 아는 사랑스러운 애교와 순수함.

이런 것들을 말할 수도 있었지만

내가 너를 사랑하는 근본적 이유는

'이유 없음'이니까.

내 모든 사랑의 근거는

그저 너란 사람 그 자체이기에.

지금까지도 그래왔고,

앞으로도 그럴 것이기에.

나는 대답할 수가 없었다

네 곁에서 시들고 싶다

꽃이 예쁘다고 꺾어가는 건

사랑이 아니라고,

그저 지켜보는 것이

진정한 사랑이라고 하지만

내 생각은 다르다.

이미 다 자란 꽃은

이제 시들 운명만을 마주하고 있을 뿐,

그 아름다움을 알아주는 이 없이

썩혀야 한다는 게 얼마나 서글픈가.

나는 이왕이면

가장 예쁠 때 찰나의 순간일지라도

네 곁에서 예쁘다가

네 곁에서 시들고 싶다.

넓은 들판과 시원한 빗방울 보다

작은 화분에 분무기 속 수돗물일지라도

네 사랑을 양분 삼아 살아가는 게,

그게 내겐 행복이니까.

내 꿈은

내 꿈은 너랑 별일 없이 하루를 사는 것.

신피질이 없는 고양이처럼 과거와 미래는

아무렴 상관없다는 듯 늘어지며 오늘만 사는 것.

그저 해가 뜨면 햇볕의 따스함에 녹아들고

좋아하는 음식과 술 한 잔에 함께 취해가는 것.

밤이 깊어지면 서로를 탐하다 잠에 드는 것.

시끄러운 세상에는 귀를 닫고

후회와 걱정에는 마음을 닫고

여유롭고, 나른하게 하루하루 그렇게 사는 것.

네 손이면 됐다

세상 모든 걸 쥐고 살 수는 없어도

네 손 하나만큼은 꼭 쥐고 살고 싶더라.

장점

연인이 있음에 가장 큰 장점은

나이를 먹어가며 점점

사람들의 보살핌에서 멀어지고 있을 때

밥은 먹었는지, 잠은 잘 잤는지

아픈 곳은 없는지 관심 가져주고

살펴주는 사람이 있다는 것.

나도 아직 사랑받을 수 있음을 알려준다는 것.

나 또한 누군가를 사랑함을 통해 얻는

만족과 행복이 생긴다는 것.

밤에 이불을 덮어주는 사랑이란

설렘과 두근거림이 지나고

편안함과 자연스러움만이 남은 관계에도

사랑은 있다.

여기서 말하는 편안함이란

익숙함이 그 자체로 소중해졌다는 것이다.

곁에 있음에 익숙해져

그것을 당연함으로 여기고

상대방의 소중함을 보지 못하는 게 아닌,

오히려 익숙함의 소중함을 깨달은 것이다.

전처럼 눈빛만 닿아도

가슴이 뛰지는 않지만,

여전히 서로 다툼은 끝이 없고

가끔 참 미울 때도, 토라질 때도 있지만

그럼에도 마주 잡은 손은 놓지 않으며

같은 곳을 보고 걸어가는 것이다.

잘 보이기 위해 한껏 치장하는 것보다

있는 그대로의 모습이 자연스럽고

밤에 옷가지들을 벗겨내고 뜨거워지는 것보다

따뜻하게 이불을 덮어주는

그런 사랑이 되었다는 것.

나는 그것이 온전에 가까운 사랑이라 믿는다.

조화

생화보다 조화 같은 사랑이 좋다.

마음을 훔치는 향기는 없을지 몰라도

영원히 그 모습 그대로 변하지 않으니까.

생화의 싱그러움은 언젠가 시들지만

조화는 늘 그랬듯 내 곁에 있어 줄 테니까.

처음 만났던 그 예쁜 모습으로.

나는 그 '변함 없음'이 주는 안정이 좋다.

사랑의 신호

사랑은 상대방의 옷이 아닌

마음을 벗기고 싶을 때 시작하는 것.

구석구석 어딘가에 상처가 있지는 않은지,

어떤 아픔을 가지고 있는지.

억지로 밝은 척 가면을 쓰고

연기하며 살아가는 삶 속

웃는 얼굴 뒤에 숨겨져 있는

그 모든 치부마저 안아줄 수 있을 때.

이 사람이 나로 하여금

진실한 행복의 미소를 띠며

내 품에 안기게 하겠노라 다짐했을 때

그 애틋한 마음을 가지고 다가가는 것.

아름다움에 반해

취하고 싶은 욕구만이 앞선다면

그건 풋사랑에 지나지 않는다.

하지만 화려한 외면을 넘어 가녀림마저

사랑스럽게 품어줄 자신이 있다면

그건 진짜 사랑의 신호가 아닐까.

야한 밤

너와 함께였던 밤의 야함을 좋아했다.

날은 어둡고, 너는 너무 야해서

그 시간만큼은

내 안의 모든 부정적인 존재들이

고개를 못 들 정도였으니까.

너의 품에서만큼은

나는 완벽히 안온해졌으니까.

그래서일까.

오늘처럼 마음이 추운 날에는

유독 너의 온기가 그리워진다.

향

가장 맡기 두려운 향이 있다.

내가 사랑했던 사람에게서 났던 향.

원래 가장 좋아하던 향이었지만

언제 어디선가 그 향이 은밀하게

코로 들어가 가슴에 앉으면

나는 또다시 무너질 수밖에 없다.

사탕을 뺏긴 아이

아이한테 사탕을 줬다 뺏어도

그렇게 서럽게 우는데,

하물며 사랑을 줬다 뺏었으니

오죽할까요.

숙명

아침에 이부자리를 뒤척여 봐도,

술에 취해 옆을 바라봐도

여전히 있을 것 같지만

그저 아련한 잔상만이 남아있는 것.

공허함에 시들시들 죽어가지만

견뎌야만 하는 것, 그게 이별이겠지.

그리움은 멍청한 자의 숙명이겠지.

음식은 싱겁게 사랑은 진하게

음식에 염분이 없으면 싱겁듯,

연애에 사랑이 없으면 밍밍할 수밖에.

내 몸은 더 많은 사랑을 필요로 하는데

채워지는 사랑이 부족하니

배고프고 우울해질 수밖에.

음식은 싱겁게, 사랑은 진하게

먹는 것이 건강에 이롭다.

욕심

이기적인 욕심을 부려봅니다.

당신의 하루에 여전히 내가 있기를.

내가 없어도 나와 마주 보는 시간이 있기를.

내가 없어도 나와 대화하는 시간이 있기를.

내가 부재임에도 계속 나와 함께

살아가길 바라는 모순을 부려봅니다.

너 없이 너와 함께 산다

너는 떠났어도

나는 너와 함께 산다.

너는 떠났어도

난 네가 눕던 침대에서 자고

너는 떠났어도

너의 냄새가 배인 옷을 입고

너는 떠났어도

너와 앉아 먹던 식탁에서 식사한다.

너는 떠났어도

너의 흔적은 떠나지 않았다.

그래서 나는

너 없이 너와 함께 살고 있다.

민낯

나는 너의 민낯을 사랑했다.

네가 밖에서는 보여주지 않는

있는 그대로의 네 모습 그 자체를.

얼굴에 분을 칠하고

머리카락에 물결을 흘리고

몸에 예쁜 깃털을 두르고

태도에 반듯함을 갖춘 네가 아닌

모든 것을 씻어내고

어린아이처럼 변한 너의 모습을

나는 사랑했다.

그것이 마치 우리만의 비밀 같아서.

너에게 못났다고 농담을 하고

너의 어리광을 받을 수 있는 건

오직 나뿐인 것 같아서.

정말 내가 너에게

특별한 존재라는 게 실감 나기 때문에.

네가 보여주는 순백의 미(美)는

내 오감을 자극하니

난 네가 겉과 속을 벗을수록

더욱 사랑스러울 수밖에 없었다.

그저 이제는 볼 수 없는

그리움이 되었다는 게 서글플 뿐.

그러나 당신아, 하나만 알아주라.

당신이 남들에게 그토록 감추었던

있는 그대로의 당신 모습은

내게 있어 가장 감사한 아름다움이었다.

사랑이 구질구질한 이유

사랑에 이성은 통하지 않는다.

이성적으로 용서할 수 없어도,

이성적으로 끝난 인연이란 걸 알아도

내 모든 세포와 호르몬이

그 사람을 안으라고 재촉한다.

결국 이성은 사랑을 거스르지 못한다.

그래서 사랑이 구질구질한 것이다.

무채색

너와 함께한 모든 순간에 감사한다.

슬프고 울적한 날

너의 웃음 담긴 얼굴을 떠올릴 수 있음에,

외로운 밤 이부자리를 뒤척이다

너의 품을 추억할 수 있음에,

무채색이었던 내 삶에

너라는 선명함이 칠해졌음에 감사한다.

고마웠다 사랑했다 행복했다

내 인생의 대부분이

너랑 처음이라서 고마웠다.

눈만 마주치면 으르렁거리며 다투다가도

언제 그랬냐는 듯 그르릉거리며 뒹굴고

참 애틋하기도, 고달프기도, 절절하기도 했던

그런 사랑이었다.

가장 진실 되고도 순수한 사랑을 받았고,

나 또한 마찬가지였다.

고마웠다, 사랑했다, 행복했다.

세 마디 말고는 더이상 할 말이 없다.

첫사랑

첫사랑이란

하필이면

사랑 하나 지키지 못할 만큼

못났을 때 만나

허무하게 떠나보낸 사람.

세상을 주고 싶었지만

서툰 사랑 고백만이 전부였던

나 자신이 밉고

그럼에도 예쁘게 웃어줬던

얼굴은 아련하게 떠오르며

그 모습 그대로

내 안에 자리 잡고 머물러 있는 사람.

이름만 들어도 가슴이 시큰해지고

시간이 흐르며 잠시 희미해지다가도

비가 오듯 추억에 젖어들게 하는 사람.

마지막 사랑이길 간절히 바랐지만

끝내 이루어질 수 없었던

그런 게 첫사랑 아닐까.

3장

이따금 낭만과 희망을 믿고

살아가는 이유

살아간다는 건

죽어가고 있다는 것.

그렇다면 삶이란 의미 없는 것인가.

아니, 그렇지 않다.

어차피 죽을 운명이기에,

어차피 자연과 하나가 될 운명이기에

우리는 더더욱 내가 눕게 될

이 세상을 아름답게 하기 위해

살아가는 게 아닐까.

꿈을 이루고

사랑을 하고

낭만을 찾으며

그렇게 언젠가 내 몸과 영혼을

받아 줄 이 세상에

미리 보답하기 위해 사는 게 아닐까.

그렇다면

우리가 열심히 살아갈

충분한 이유가 되지 않을까.

그게 진정한 삶의 의미가 아닐까.

장미

장미는 아름답지만

상처받지 않으려 줄기에 가시를 내밀고 있다.

누군가 자신을 쉽게 뜯어가지 못하도록.

그런 장미에게 필요한 건

해치지 않을 거란 믿음과

예쁘게 피어날 수 있기 위한 기다림과

애정 담긴 보살핌이 아닐까.

소망

두 손 모아 소망합니다.

시련보단 행복이,

불행보단 행운이,

우는 날보단 웃는 날이

더 자주 찾아오기를.

하루하루 무탈히 지나가기를.

흘러가는 시간이

고단하게 견디는 것이 아닌

여유롭게 음미하는 추억이 될 수 있기를.

비

언제부터 삶은

살아가는 것이 아니라

버텨가는 것이 되었나.

어쩌다 찾아오는 작은 행복의 물방울로

겨우 입술을 적시며

그것에 만족해야 하는 것이 되었나.

덥고 답답한 현실에

비 한 번 시원하게 내려줬으면 좋겠다.

술에게 배운다

술을 잔에 적당히 따르고

키스하듯 입술을 적시며

천천히 마신다.

처음에는 쓴맛이 느껴지다가

이내 은은한 단맛이 남는다.

처음 술을 마실 때를 떠올려본다.

이 쓰고 맛도 없는걸

왜 마시나 싶었다.

단맛 따위는 느껴지지도 않았다.

하지만 지금은 술에게

인생의 법칙을 배운다.

살아가다

고난과 역경을 마주할 때는

쓰디쓴 날들이 이어진다.

하지만 그러다 지나가고 나면

달달한 날이 찾아온다.

어느 새부터 쓴맛 뒤에는

단맛이 온다는 걸 배운다.

나의 오늘은 참 쓰다.

그래서 술을 마신다.

오늘도 쓴맛 뒤에 오는

은은한 단맛을 음미한다.

곧 나에게도

달달한 날이 찾아오겠거니 한다.

내일 죽는다면

내일 죽는다면 어떨까.

떠날 준비를 하겠지.

이불을 개고 정리를 하겠지.

이제는 그리워질 사람들을 만나

제일 좋아하던 음식을 먹고

저녁이 되면 혼자 술 한잔 마시며

지나온 세월을 회고하겠지.

좋았던 날, 슬펐던 날

모든 날들이 주마등처럼 지나가겠지.

그리고서는 깨닫겠지.

하루하루가 참 소중했다는걸.

뿌연 담배연기를 보며

숨을 내쉴 수 있다는 게 고마워지겠지.

죽음이 두려워지겠지.

아니, 정확히는 잊혀지는 게 두려워지겠지.

그래, 살아야겠다.

이왕이면 즐겁게 살아봐야겠다.

낭만 있게 살란다

왜 사람들은

점점 낭만을 버리고 살아갈까.

아무리 각박한 세상이고

자칫하면 당해버리기 일쑤라지만

그래도 사람이라면

낭만 한 줌은 쥐고 살아야 되지 않을까.

그것마저 없다면 그게 진짜 인간으로서

잘 살고 있는 거라고 할 수 있을까.

낭만이란 건 인간이 누릴 수 있는

가장 기쁜 사치가 아니던가.

아무리 자신을 방어하기 위함이라지만

마음 한 편이 쓸쓸해지는 건

별 수 없나 보다.

어디서부터 잘못된 걸까.

누구의 잘못일까.

사람일까, 세상일까.

난 잘 모르겠다.

나는 그냥 나대로 살란다.

인연에는 계산 없이,

사랑에는 한도 없이

낭만 있게 살란다.

보내주는 법

웃으며 다가왔다가

언제 그랬냐는 듯 떠나버리는 사람들.

그 모순적인 상황 속에서

나는 보내주는 법을 배울 수밖에 없었다.

떠나는 법은 모르는 나지만

떠나겠다는 사람을 잡을 재주도 없어서.

그저 여전히 내 곁에 남아준 사람들에게

고마울 따름이다.

덕분에 웃으면서 살 수 있으니까.

행복

행복이란 자려고 누웠을 때

불안과 망상에 시달리지 않는 것.

지친 날에 술 한잔 마셔줄 친구가 있다는 것.

외로운 밤 품을 내어주는 연인이 있다는 것.

고된 날에 따듯하게 목욕을 할 수 있다는 것.

방황하더라도 돌아올 곳이 있다는 것.

나에게 쓰는 편지

밥은 먹었어?

잠은 잘 잤고?

요즘 많이 힘든 게 보이더라.

산다는 게 참, 내 마음 같지 않지?

세상은 낯설고

사랑도, 인간관계도, 꿈도 어렵기만 하고

가끔 다 포기하고 싶은데

애써 참고 견디고 있는 거 알아.

난 그런 네가 참 애틋하고 기특하다.

힘내라고 말하진 않을게.

힘들다는 건 더이상 힘이 안날 만큼

지쳤다는 거니까.

억지로 힘내지 말고

너도 조금은 쉬어라.

충분히 쉬었다가

지친 몸과 마음이 회복되고

다시 힘을 낼 수 있을 때

그때까지 기다릴게.

난 네가 어떤 모습이든 응원해.

말조심

사실 사람이 망가지는 건

내가 뱉은 말 때문이기 보다

내가 들은 말 때문일 때가 많다.

내뱉지 말아야 할 말을

하지 않는 것도 중요하지만

그보다 더 중요한 것은

내가 들어선 안될 말을

가슴에 쌓이지 않도록 하는 것이다.

사계절

너의 사계절은

봄의 벚꽃보다 낭만적이고

여름의 소나기보다 시원하고

가을의 낙엽보다 자유롭고

겨울의 눈보다 어여쁘기를.

보석

보석은 임자를 잃었다고

그 가치마저 잃지는 않는다.

당신 또한 마찬가지.

사랑했던 사람이 당신을 두고 갔더라도

당신의 가치가 바래진 건 아니다.

여전히 값지고, 귀하고, 빛난다.

가치

바다를 보지 못했다고

바다가 사라지지는 않듯이

너의 가치를 보지 못했다고

너의 가치가 사라지는 것은 아니다.

그러니 자신의 가치를 의심하지 마라.

분명히 빛나고 있으니까.

쓰레기

쓰레기는 버리라고 있는 것이다.

정 때문에 버리지 못하고

품고 있다 보면

나까지 꼬질꼬질해질 뿐이다.

외로움

어쩌면 외로움에 시달리는 것은

우리가 평생 감당해야 할

삶의 과업일지도 모른다.

막대한 부를 쌓아 올린 사람도,

많은 사람의 사랑을 받으며

화려한 인생을 살고 있는 사람도

외로움에서 자유롭지는 않다.

돈을 얻어도, 명예를 얻어도, 사랑을 얻어도

아니 이 모든 것을 가졌다고 하더라도

그것으로 채울 수 없는

또 다른 외로움이 있기 때문이다.

그래서 삶은 고달픈 것이다.

열심히 노력해서 기쁨을 얻을 수는 있어도

외로움에서 완전히 벗어나지는 못하기에.

그렇기에 우리는

어쩔 수 없는 외로움에서

벗어나려 애쓰기 보다

오히려 그 자체를 받아들일줄 아는 법을

배워야 하지 않을까.

어쩌면 억지로 외로움을 충족하려

무언가를 계속 갈망하기에

우리가 괴로운 것일지도 모른다.

고생했다 나 자신

하루의 끝,

오늘도 잘 이겨냈다며 뿌듯해하거나

이제 온전히 나만을 위한 시간을

보낼 생각에 후련해야 하는데

답답한 고단함이 나를 에워싼다.

무거운 몸을 침대에 눕히고

크게 숨을 뱉으며 탄식만 늘어놓는다.

어린 투정 같지만

나의 고단함을 알아주는 이 하나 없음에

외롭고 슬퍼진다.

하지만 속으로는 알고 있다.

나의 고단함은 나만이 알기에

고생했다고, 수고했다고 말해줄 사람은

나밖에 없다는 것을.

그래서 나의 하루를 나에게 말해본다.

작고 사소한 일들부터 큰일까지.

이러이러한 하루를 보냈다고.

그리곤 내가 대답한다.

그런 일이 있었냐고. 고생 많았다고.

혼자 북 치고 장구 치고 뭐하나 싶지만

이렇게라도 나의 하루하루가

의미 없지 않다는 걸 알아야만

오늘 밤 눈이 감길 것 같다.

내 편

언제나 변함없이 내 편인 사람

한 명쯤은 있으면 좋겠다.

내가 기쁜 일에

나보다 더 기뻐해 주는 사람.

내가 슬픈 일에

나보다 더 슬퍼해주는 사람.

내가 잘못된 길을 갈 때

거기가 아니라며 꾸짖어주는 사람.

내가 실수할 때

누구나 그럴 수 있다며 보듬어주는 사람.

언제나 내 곁에서

함께 웃어주는 사람.

추억

추억은 삶이 내게 준 가장 소중한 선물.

누가 훔쳐 가지도 못하고

영원히 언제든 꺼내 볼 수 있는

오직 나만이 가진 행복 꾸러미.

내가 살아갈 수 있는 이유.

청춘

한 번뿐인 청춘인데 뭘 아껴.

그냥 낭비하며 살자.

마음 다 줘가며 사랑도 하고

술 먹고 바닥에 뻗어보기도 하고

비오는 거 맞고 가기도 하고

그렇게 살자.

여행도 여러 군데 다녀보는 거야.

그곳에서 무슨 일이 생길지 모르는 거잖아.

괜히 갔다가 고생만 하고 돌아올 수도 있지만

그것도 나중에 술안주가 되잖아.

힘든 일이 있어도

굳이 이겨내려고 하지 말자.

분명 시간 지나면 어쩌다 나아져있을 거야.

엉뚱해도 하고 싶은 건 다 해보자.

어차피 남들은 우리한테 그닥 관심도 없대.

하다가 망하면 망하는 거지 뭐.

막 사는 것도 청춘이니까 그럴 수 있는 거야.

딱 그때만 누릴 수 있는 특권이랄까.

난 그렇게 살래.

지금 옆에 있는 인연들과

앞으로 만날 인연들과

우리가 만들 수 있는 추억을 만들래.

인생 순탄하면 늙어서 뭔 재미로 살겠어.

그냥 나중에 흑역사 자서전이나 만들어서

그거 보면서 낄낄대며 살다 죽을래.

이런 날 저런 날

낮이 있으면 밤도 있고

행운이 있으면 불행도 있듯

그냥, 오늘 같은 날도 있는 거다.

이상하리 만큼 쓰린 날.

하지만 확실한 건,

매일 그렇지는 않다는 것.

감사할 줄 모른다면

누구는 열의 아홉 가졌어도

하나 가지지 못해 불행하다 하고

누구는 열의 아홉 못 가졌어도

하나 가졌음에 행복하다 한다.

가진 게 많아도 불행할 수 있고

가진 게 없어도 행복할 수 있는 게

사람 사는 인생.

삶에서 내게 허락된 것들에

감사할 줄 아는 사람은

갈수록 인생이 풍요로워지고

여전히 부족하다며

허영만 좇는 사람은

갈수록 인생이 조촐해진다.

세상은 얄궂지만

모두에게 선물 하나쯤은 줘가며

살아가라 한다.

감사할 줄 모른다면

안 그래도 심보 고약한 세상 심기 거슬려

전부 빼앗아버린다.

소풍

우리에게 주어진 삶이란

세상의 어떠한 진리를 찾아 나서는

험난한 모험 같은 게 아니다.

그저 잠시 들렀다 가는 소풍 같은 것.

설레는 일도 있고

고생길도 있는 그런 소풍.

홀로 무거운 짐을 지고

외롭게 한걸음 한걸음 내딛으며

무언가를 찾아 헤매다 죽어가는 게 아니라

옷과 짐을 가벼이 하고

뒷짐을 지고 콧노래를 흥얼거리며

여행하다 가는 그런 것.

그런 우리에게 필요한 건 여유다.

주변의 풍경도 바라보고

변해가는 계절도 느낄 수 있는

그런 여유.

언젠가 소풍의 끝에 다다랐을 때

지나온 길의 아름다운 것들을

기억할 수 있도록.

긴 잠을 청하기 전에

즐거운 추억들로 웃음 지을 수 있도록.

시간의 깊은 뜻

시간이 내게 이별하라 한다.

어린 날의 나와 이별하라 하고

곁에 있던 사람과 이별하라 하고

겨우 찾아온 행복과도 이별하라 한다.

나는 여전히 쥐고 있고 싶은데

모든 것을 빼앗아 간다.

이별에 익숙해지라 한다.

참 얄궂다 생각했는데

이별하고 나니 다른 선물을 주더라.

더 성숙해진 나를 주고

새로운 인연을 주고

또 다른 행복을 주더라.

그제야 알았다.

이별은 이별이 아니라

또다른 만남의 시작이라는 것을.

이별했던 것들은 추억으로 바뀌어

영원히 내 가슴속에 담아주고

새로운 선물을 주며

남은 삶을 살아가라는

시간의 깊은 뜻이 있었다는 것을.

완벽하지 않기에 아름다운 인생

세상살이 모두가 힘들다.

모두가 미숙하기 때문이다.

미숙하기에 모든 게 어렵고 낯설다.

그렇기에 살아가며

수없이 문제들을 마주할 때

우리는 때마다 아플 수밖에 없다.

세상에는 완벽한 사람도,

완벽한 인생도 없다.

이 뻔한 말은 사실 우리 모두 알고 있다.

하지만 여전히 사람들은

미숙한 자신을 탓하며 완벽해지려

고통받고 있다.

삶의 아름다움은 미숙함에서 나온다.

완벽하지 않기에 실패하고

완벽하지 않기에 넘어지고

그러한 과정이 있기에

인생은 다채롭게 빛난다.

완벽함은 외로운 것이다.

완벽함은 공허한 것이다.

우리는 완벽하지 않기에

우리가 서툰 솜씨로 투박하게

그려나가는 삶은 예술이 된다.

Epilogue : 유서

Epilogue : 유서

자주 고단했지만

틈틈이 행복했습니다.

죽음은 두렵지만

꼭 그렇지만도 않습니다.

사랑하고, 살아가며

고맙고 소중한 인연을 많이 만났습니다.

지금 이 글을 읽고 있는

당신을 포함해서 말입니다.

저는 죽더라도

이 종잇장 사이에서

영원히 살아있을 겁니다.

그래요,

저와 이 책을 기억해 주는

당신 덕분입니다.

그거면 되었습니다.

드리고 싶은 말이 많지만

마음으로만 품어내겠습니다.

저를 잊지 말아 주세요.

만나서 반가웠습니다.

내가 죽으면 누가 울어줄까
ⓒ 박찬위

초판 1쇄 | 2025년 6월 20일
2쇄 | 2025년 7월 29일

지은이 | 박찬위
기획 | 필로맨틱
마케팅 | 정도윤
펴낸곳 | 도서출판 필로맨틱
출판등록 | 2025년 5월 16일 제 2025-000028호
이메일 | pcw000915@naver.com

이 책의 판권은 지은이와 필로맨틱에 있습니다.
책 내용의 전부 또는 일부를 이용하려면
반드시 지은이와 필로맨틱 양측의 서면 동의를 받아야 합니다.

이 책의 본문은 '을유1945' 서체를 사용했습니다.